ÉGLISES

DU

VAL-DE-GRACE

DE

PAROISSE SAINT-ROCH

ET

DES INVALIDES.

Paris

IMP. DE Mme VEUVE BOUCHARD-HUZARD,

RUE DE L'ÉPERON, 5.

1868

ÉGLISES

DU VAL-DE-GRACE

DE LA PAROISSE SAINT-ROCH

ET DES INVALIDES.

ÉGLISES

DU

VAL-DE-GRACE

DE

LA PAROISSE SAINT-ROCH

ET

DES INVALIDES.

Paris

IMPRIMERIE DE Mme VEUVE BOUCHARD-HUZARD,

RUE DE L'ÉPERON, 5.

1868

ÉGLISES

DU VAL-DE-GRACE

DE LA PAROISSE SAINT-ROCH

ET DES INVALIDES.

Sous ce titre nous consignerons des souvenirs qui, présentés peut-être sans beaucoup d'ordre, cependant pourront peut-être offrir quelque intérêt.

C'est ici une espèce de marqueterie ou de mosaïque.

Les ouvrages qui servent de base à cet opuscule, et où nous avons puisé des renseignements qu'on peut vérifier, sont principalement la *Description historique de l'Hôtel royal des Invalides,* par M. l'abbé Pérau, licencié en théologie, de la maison et société de Sorbonne, avec les plans, coupes, élévations géométrales de cet édifice, et les peintures et sculptures de l'église, dessinés et gravés par le sieur

Cochin, graveur du Roi et de l'Académie royale de peinture et sculpture.

La *Description historique et chronologique des monuments de sculpture réunis au Musée des monuments français,* par Alexandre Lenoir, conservateur de ce Musée, suivie d'un *Traité historique de la peinture sur verre,* par le même auteur ; 3ᵉ édition, revue, corrigée et considérablement augmentée (an V de la république) (*).

Le *Musée des monuments français,* ou *Description historique et chronologique des statues en marbre et bronze, bas-reliefs et tombeaux des hommes et des femmes célèbres, pour servir à l'histoire de France et à celle de l'art;* ornée de gravures et augmentée d'une dissertation sur les costumes de chaque siècle ; par Alexandre Lenoir, fondateur et administrateur du Musée (tome Iᵉʳ, an IX-1800; tome II, an X-1801; tome III, an X-1802).

Ce sont ces trois ouvrages qui ont fait naître les réflexions que nous consignons ici.

La révolution française, ainsi que presque toutes les révolutions, a disposé de la fortune et de la vie d'un grand nombre d'hommes ; elle a détruit aussi des bâtiments, des édifices et des monuments d'art que le temps avait respectés; on peut s'en convaincre en lisant les mémoires et autres écrits de cette époque, et surtout le *Moniteur,* dont le témoignage n'est pas suspect, puisque ce journal était rédigé par ceux sous qui la France gémissait, ou au moins était écrit sous leur influence.

(*) Ce Musée des monuments français était dans l'ancien couvent des Petits-Augustins, là où est maintenant l'école des beaux-arts ; on y voit encore des restes de ce Musée dispersés dans les cours, ou relégués dans un jardin dans lequel on n'entre pas.

Et d'abord, pour justifier ce que nous disons des monuments détruits ou mutilés par ces modernes iconoclastes et ce vandalisme nouveau, nous renverrons au Catalogue du Musée des monuments français par Alexandre Lenoir, pages indiquées ci-dessous (*) :

Pour compléter, nous ajouterons à cette liste de monuments détruits ou mutilés le fragment d'un passage relatif au tombeau et à la statue de François Ier, fragment que l'on peut lire à la page 73, tome III, du *Musée des monuments français* par Alexandre Lenoir :

« N° 448. »

« La statue, en marbre blanc et couchée, de François Ier, représenté en état de mort. »

« Pour faciliter les études que l'on peut faire d'après ce chef-d'œuvre, je me suis déterminé à le poser sur un socle de marbre noir, dans lequel j'ai introduit les modèles des bas-reliefs que l'on remarque au tombeau ci-dessus décrit, savoir les batailles de Marignan et de Cérisoles, afin de donner à ce monument le caractère de son siècle (voyez la description du tombeau sous le n° 99). Deux mille barbares environ ont porté une main téméraire sur ce chef-d'œuvre ; ils ont gravé leurs noms avec une pointe sur les parties les plus intéressantes de la statue ; malheureusement, on peut le vérifier sur le monument. Voici les plus remarquables : Hugues Bétould, 1580 ; Fison, Estiot, Mutzinger, Lorme, 1584 ; Rebours, Estienne Plessier, 1586 ;

(*) Catalogue du Musée des monuments français—(monuments détruits ou mutilés), indication des pages : 55 et 56, 57, 67, 69, 72, 76, 78, 87, 90, 91, 92, 97, 99, 100 et 101, 102, 102 et 103, 113, 120, 121, 124 et 125, 127, 130, 133 et 134, 135, 139, 140, 148, 153, 153, 154 et 155, 158, 164 et 166, 167, 169, 175 et 176, 177, 178, 185, 192.

Basset, 1592. Alexandre Sitz est le dernier, qui s'est gravé illustre comme Erostrate ; il a quitté la ville de Gand pour ajouter son nom au nombre de ceux que je viens de citer. Amis des arts, permettez-moi d'imprimer sur cette liste le cachet de l'ignorance et de l'infamie. Citoyens conservateurs qui avez dans vos mains les belles statues de la Grèce, voilez la statue d'Apollon, si jamais Alexandre Sitz osait souiller son sanctuaire. »

A cette occasion, il faut dire aussi quelques mots du monument de Colbert, le grand ministre de la paix. Sur le monument était un ange qui portait un livre; cet ange a été détruit par les malveillants, dit le Catalogue du Musée.....; les malveillants..., expression bien modérée pour caractériser de tels hommes et rappeler de telles choses.

Le *Catalogue du Musée des monuments français* par Alexandre Lenoir fait naître encore d'autres réflexions ; il contient aussi l'indication d'un grand nombre de monuments qui plus tard ont disparu ; qu'étaient devenus ces monuments? Si la mémoire ne nous trompe pas, on a dit, à cette époque, sous le Directoire, croyons-nous, que plusieurs de ces monuments avaient été donnés en payement à des fournisseurs de la république, ou vendus à des marbriers qui en auraient fait des chambranles de cheminée !

Entrons maintenant dans quelques détails :

La chapelle du dôme des Invalides présentait, de chaque côté, deux autels dédiés, l'un à la sainte Vierge, l'autre à sainte Thérèse, ayant chacun une statue (*) ; de plus, des quatre côtés du dôme, des chapelles dédiées aux quatre

---

(*) Dans ces chapelles latérales, au lieu des autels, sont maintenant placés les tombeaux de Turenne et de Vauban.

Pères de l'Église latine, ayant chacune sur l'autel une statue, plus, dans chacune des niches latérales à cet autel, une statue des saints ou saintes qui avaient eu des rapports avec ces Pères de l'Église; toutes ces statues, dont on peut trouver l'indication et la gravure dans l'ouvrage de l'abbé Pérau, ont été déposées pendant quelque temps dans la cour du dôme, lorsqu'on les a tirées de cet édifice; on les a vues aussi dans le Musée des monuments français; elles sont, d'ailleurs, indiquées dans le *Catalogue de ce Musée des monuments français* par Alexandre Lenoir, ouvrage que l'on peut consulter; que sont devenues ces statues?

Sur l'autel du Val-de-Grâce on voyait le groupe de la Nativité exécuté par Anguier, et ce groupe était bien à sa place dans cette église dédiée par une mère reconnaissante à Jésus naissant et à la Vierge Mère, *Jesu nascenti Virginique matri*. On l'a mis maintenant dans l'église Saint-Roch sur l'autel de la chapelle de la Vierge; or, par ce fait, il y a bien une chapelle de la crèche ou, si l'on veut, de la sainte Famille; mais, dans notre opinion, il n'y a plus maintenant à Saint-Roch de chapelle spéciale de la sainte Vierge.

Il y en avait une autrefois dédiée à la sainte Vierge dans son Annonciation. Le groupe, en marbre blanc sculpté par Falconnet, et indiqué à la page **196**, *Catalogue du Musée des monuments français* par Alexandre Lenoir, était placé sur l'autel; la Gloire, qui surmonte cet autel, existe encore; le nuage qui portait l'ange y est aussi, seulement on l'a coupé droit au niveau du pilier, ce qui n'est pas heureux. Que sont devenues ces statues? On dit qu'il est question de faire exécuter pour l'église du Val-de-Grâce une copie du groupe qui y était autrefois; ne vaudrait-il pas mieux y replacer l'original, et donner en échange à l'église Saint-Roch, pour remplacer celui de Falconet qui paraît perdu, remplacer celui de Falconet, disons-nous, par un groupe de l'Annonciation fait par un habile sculpteur? Par là on rétablirait les choses comme elles étaient, et l'on ferait disparaître, autant que possible, les traces de cette malheureuse révolution.

Nous présenterons ici d'autres observations relativement à l'église Saint-Roch ; on voit maintenant dans ce temple non-seulement des monuments qui y étaient autrefois, mais encore d'autres monuments tirés d'églises qui n'existent plus et qui étaient situées dans l'arrondissement de cette paroisse ; ils sont rangés là dans une chapelle, peut-être un peu comme les curiosités d'un Muséum.

On y voit, entre autres, provenant de Saint-Honoré, la statue de Guillaume Dubois ; dans le *Catalogue du Musée des monuments français*, par Lenoir, cette statue est indiquée comme étant à genoux devant un prie-Dieu portant un livre ouvert, sur lequel on lit en gros caractère : *Miserere mei, Deus*, etc.; statue, dit Lenoir, dans laquelle l'artiste a mis beaucoup de finesse et d'expression. Puisqu'il en est ainsi, et pour déblayer la place, on aurait bien pu mettre au Musée la statue de ce ministre du Régent, et probablement personne n'aurait réclamé.

Avant de quitter l'église de Saint-Roch nous aurons encore quelques observations à faire.

Il existe au fond de cette église une chapelle du calvaire où un Christ éclairé d'en haut fait un bel effet. Il y a un beau tableau de Bouton représentant cette chapelle où alors le Christ était seul. On y a ajouté maintenant une statue de la sainte Vierge debout : *Stabat Mater dolorosa.* Une place qui est encore vide est probablement destinée à saint Jean, le disciple bien-aimé à qui Jésus mourant a recommandé sa sainte Mère ; puis, au pied de la croix, est placée une statue de Madeleine, une prétendue Madeleine ; nous dirons quelle est cette statue ; mais avant nous avons plusieurs choses encore à rappeler et quelques réflexions et observations à présenter.

Il y a, dans cette chapelle de Saint-Roch dont nous avons déjà parlé, un buste de Mignard, le grand peintre de la coupole du Val-de-Grâce, buste fait par Desjardins, qui l'avait sculpté d'après nature, dit le Catalogue d'Alexandre Lenoir, et posé sur un cippe sur lequel est gravée une inscription.

Mignard aimait beaucoup sa fille, la marquise de Feuquières, qui était pénétrée pour lui d'une tendre vénération. Il y a un délicieux tableau de Mignard où il a représenté cette fille chérie tenant le portrait de son père qu'elle montre avec un air de triomphe et de satisfaction. Il y a dans ce tableau un sentiment indéfinissable.

Après la mort de Mignard, qui fut inhumé aux Jacobins de la rue Saint-Honoré, sa fille, madame de Feuquières, lui fit ériger un monument où elle est représentée à genoux auprès du buste de son père ; ce monument, exécuté en marbre, est du ciseau de Jean-Baptiste Lemoine ; le buste de Mignard est de Desjardins, qui l'avait sculpté d'après nature, et que sa fille a fait entrer dans la composition du monument, dit le Catalogue d'Alexandre Lenoir (*). Voilà

(*) Le monument élevé à Mignard par sa fille dans l'église des Jacobins a été gravé tel qu'il était alors, et voici ce qu'on lit sur cette gravure : Tombeau de Pierre Mignard, écuier, premier peintre du Roy, érigé à Paris dans l'église des Jacobins de la rue Saint-Honoré, par les soins de madame la comtesse de Feuquières, sa fille.

Composé et exécuté par J. B. Le Moine le fils, sculpteur ordinaire du Roy en 1743.

On lit au bas de l'estampe à gauche : gravé par Lépicié, 1743.

Nota. Madame de Feuquières est qualifiée marquise dans la biographie universelle ; elle est ici qualifiée comtesse.

un sentiment qu'on aurait dû comprendre, et d'ailleurs la volonté des morts doit toujours être respectée.

Et maintenant où est la comtesse de Feuquières, fille de Mignard le grand artiste? on en a fait une Madeleine,. et c'est elle que l'on a placée ainsi dans la chapelle du calvaire de Saint-Roch !

D'abord on n'a jamais entendu dire que Mme de Feuquières ait donné lieu à ce qu'on la mît au rang des Madeleines pénitentes.

Puis, nous élevant à des considérations plus générales, nous dirons qu'il est toujours fâcheux de voir des personnes, qui certes sont loin d'approuver les désordres de la révolution, ayant l'air cependant d'y donner leurs approbations et, pour ainsi dire, de tendre la main à cette révolution en continuant les bouleversements de cette même révolution, si petits qu'ils soient.

Si la mémoire ne nous trompe pas, il y a longtemps qu'existe l'erreur que nous signalons relativement à Mme de Feuquières, malencontreusement transformée en Madeleine ; cette erreur a eu lieu sous M. Marduel, curé de Saint-Roch.

M. Marduel était un vénérable pasteur justement aimé et respecté de ses paroissiens ; il a eu et il a encore, nous le savons, de dignes successeurs, héritiers de sa science, de son zèle et de ses vertus. M. Marduel était aussi très-zélé pour la décoration de son église ; c'est peut-être ce désir d'orner son église qui a fait naître chez ce respectable curé la fâcheuse idée que nous signalons de transformer Mme de Feuquières en Madeleine. Quoi qu'il en soit, il semble désirable que l'on place au pied de la croix du calvaire de Saint-Roch la statue d'une véritable Madeleine, et que, rétablissant le monument tel qu'il était dans l'origine, on remette Mme de Feuquières au pied du buste de Mignard le grand artiste, et qu'on réunisse ainsi la fille à son père.

Si, revenant de l'église de Saint-Roch, nous retournons à celle des Invalides, nous trouverons là encore quelques observations à présenter.

Et d'abord nous dirons : Il est fâcheux que l'on n'ait pu placer au niveau du sol le sarcophage destiné à recevoir les restes de Napoléon et qu'il ait fallu le déposer dans un caveau souterrain éclairé par une ouverture circulaire, d'où on le voit là placé peut-être comme au fond d'un puits ; de cette disposition il résulte que, pour donner entrée à ce caveau, on a pratiqué une porte, et on a été obligé de reculer l'autel de l'église, qui, dans l'origine, était adossé au massif de l'autel du dôme (*). On a été obligé, disons-nous, de reculer l'autel de l'église et de l'avancer vers la nef en établissant un chœur pris sur cette nef. Ainsi la disposition intérieure du temple a été un peu modifiée.

(*) On a profité de cette disposition pour pratiquer en face du caveau de Napoléon une autre porte qui donne entrée à tous les caveaux de l'église.

Paris. — Imprimerie de Mme Ve Bouchard-Huzard, rue de l'Éperon, 5. — 1869.